それ日本と**え**!?

文化のちがい 習慣のちがい

第2期

4 ドキドキ お出かけ・乗りもの

監修　国立民族学博物館長　**須藤健一**

この巻では、日本と世界の行楽や乗りものに関するちがいを見ていくよ。

駅の改札や休日の過ごし方…あれもこれも、国や地域がちがえば全然ちがうんだ！

エミリー
機械いじりが大好きな女の子。いつか空飛ぶ自動車を開発し、世界中の空を自由に飛びまわりたいと夢みている。

佐々木さん
体力じまんのお兄さん。相棒の人力車に人を乗せ、あらゆる道を走りまわる。旅は人の心をゆたかにする、と信じている。

Gakken

それ日本と京!?
文化のちがい 習慣のちがい 第2期
4 ドキドキ お出かけ・乗りもの

もくじ

フランスの場合	**大人にも1か月以上の夏休みがあるの？** 大人の夏休みのちがい	4
イタリアの場合	**列車が時間どおりに来るのはめずらしい？** 鉄道のおくれに対する考え方のちがい	8
一度は乗ってみたい！	世界の人気列車	12
アメリカの場合	**気持ちのよいサービスにはお金がかかる？** チップの習慣があるかないかのちがい	14
スペインの場合	**別荘はお金持ちじゃなくてももてるの？** 別荘に対する認識のちがい	18
アメリカの場合	**観光地で買ったおみやげを配るのは日本人だけ？** おみやげの習慣のちがい	22
国や地域の文化がわかる！	世界のおみやげ	26
ドイツの場合	**改札口のない駅があるの？** 駅に改札口があるかないかのちがい	28
オーストラリアの場合	**救急車の代わりに飛行機が飛んでくるの？** 救急車の制度のちがい	32
アメリカの場合	**タクシーのドアは自分で開けるの？** タクシーの使い方のちがい	36

- 人は「移動」するのが大好き？ … 40
- 乗り物の歴史 … 42
- この本で紹介した国と地域 … 44

[シンガポール　タイ　ブルネイ　オーストリア　オランダ　スペイン　ドイツ
　フランス　アメリカ合衆国　カナダ　アルゼンチン　オーストラリア]

この本の特長とルール

この本の特長

1. 必ずしもその習慣がその国全体で行われているのではなく、特定の地域や社会でのみ行われている場合も、その国の国旗と国名を記載しています。
2. ある地域や民族に顕著な文化や習慣の場合、国名のあとに、（ ）で地域名や民族名を併記しています。
3. ある文化や習慣が複数の国や地域にみられる場合、その代表となる国名を挙げた項目があります。
4. ある文化や習慣が、3以上に広範囲にみられる場合、「イスラム社会」など特定の文化圏の名称や、「世界」として示した項目があります。
5. 国名は、通称を用いています。

この本のルール

1. 各テーマの最初の見開きでは、左ページに日本の事例を、右ページに外国の事例を紹介し、文化のちがいを対比しています。
2. 次の見開きの まとめ で、その文化のちがいを生む考え方、原因や背景をまとめています。また、 いろいろな国の○○ では、関連するテーマについてのいろいろな国の事例を紹介しています。
3. 文化あれこれ では、そのテーマに関連するおもしろい話題やことばを 豆知識 として紹介しています。
4. 44ページ この本で紹介した国と地域 では、それまでのページで国旗をつけて文化の事例を紹介した国について、地図や、気温・降水量のグラフをまじえて説明しています。
1～5巻のうち複数の巻で紹介している国については、ほかの巻で説明しているものもあります。それぞれの国が何巻で説明されているかは、47ページに一覧があります。

この本を読むみなさんへ

旅や修学旅行は大きな楽しみです。海外旅行や修学旅行に出かけるときに、親せきなどからお小遣いをもらうことがあります。日本には長い旅に出る人には「はなむけ」のお金をわたし、そのお返しとして、みやげをもらう習慣があります。これは旅立つ人の安全を祈願するためです。卒業式にも「はなむけのことば」がお祝いのことばとしておくられます。このことばは、「馬の鼻先を行く先の方向に向けた」ことからきています。
　第4巻では、ドキドキしながら旅先で目にする街なみや駅、電車や車、レストランやホテルのサービスなどについて、日本とのちがいをとりあげました。

監修　国立民族学博物館長
須藤健一

大人の夏休みのちがい　フランスの場合

大人にも1か月

友だちのお父さんはフランス人。家族全員で1か月も夏

> 日本では、お盆に合わせて3日間から1週間ぐらい休む人が多いようですが…

長い休みをとることに、ためらいを感じる人が多い

　日本では昔から長い間、稲作を中心とした農業が行われてきました。特に、田植えや稲かりなどの作業は多くの人の手をかりて行ったため、みんなでいっしょに働き、いっしょに休むという考え方が根づきました。

　このような考え方が、今も変わらずに残っているので、長い休みをとりたくても、「みんなが働いているときに、自分だけ長く休むわけにはいかない」という気持ちになる人が多いようです。7月15日や8月15日のお盆の時期は、古くから祖先の霊をまつる期間なので、墓参りなどのためにいっせいに休みをとるようになりましたが、3日間から1週間という人が多いようです。

> 収穫が終わったあとのお祭りも、みんなでいっしょに楽しんでいたよ。

以上の夏休みがあるの？

休みを楽しんだそうだけど本当かな？

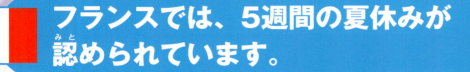
フランスでは、5週間の夏休みが認められています。

 ## 長い夏休みをとることは当然と考える

　フランスでは夏休みを「バカンス」といい、人々にとって1年のうちで最大の楽しみとなっています。もとは身分の高い貴族やお金持ちだけの習慣で、一般の人たちの休みはごく短いものでした。しかし、社会が発展し、休みについても平等が求められるようになったため、1936年に国の法律で2週間連続の休みをとることが認められました。今では、最大で5週間の連続した休みをとることができます。町では多くの商店が休みになります。

仕事のためにバカンスをとる

　フランスをはじめとするヨーロッパの国々では、長いバカンスをとることは、働く人にとって当然のこととされています。心と体をじゅうぶんに休ませなければ、よい仕事をすることができないと考えられているからです。そのため、各地に安い民宿や貸し別荘、キャンプ場などの施設がたくさんあり、それほどお金をかけずに長いバカンスを楽しむことができます。

まとめ どうしてちがうの❓

フランスでは大人も夏休みが長く、日本では大人の夏休みが短いのは、次のような背景があるようです。

1 日本では、ほかの人が働いているときに長く休むのはよくないことだと考える(感じる)人が多い。

2 フランスのバカンスは、貴族などの習慣だったが、休みのうえでも平等が求められて人々に広まった。

3 欧米では、よい仕事をするには、じゅうぶんな休みが必要だと考えられている。

🌐 いろいろな国の休日・祝日

🇩🇪 ドイツ ✈

猛暑の日は学校が休みになる!?

ドイツの学校では、気温が高いと学校が休みになる「猛暑休み(ヒッツェフライ)」という制度があります。地域によって多少ちがいがありますが、たとえば午前10時の時点で、屋外の気温が25度をこえた場合は、午後は休校になります。

🇫🇷 フランス ✈

地区ごとに時期が異なる冬休み・春休み

フランスの冬休みと春休みは、地区ごとに期間をずらしています。日本でも北海道や東北と九州などでは夏休みや冬休みの時期や期間がちがいますが、これは気候の差によるものです。しかし、フランスの場合は気候が同じ地区でも休みの時期がずれています。これは、観光地や交通機関の混雑を防ぐために始められたものです。しかし、ふだんははなれて暮らしている親族どうしが、いっしょの時期に休んで集まることができないなどの不満もあるようです。

🇨🇳 中国 ✈

10億人以上が移動する連休

中国の「春節」は、旧暦(→5巻 p.39)の正月にあたる日です。昔の暦にもとづいているので、現在の暦では年によって時期がちがいますが、だいたい1月後半から2月前半の間になり、その前後をはさむ1週間は連休になります。多くの人が里帰りをするので、鉄道やバスなどを利用する人がのべ人数で10億人以上になるともいわれています。

日本のお盆や年末年始も混雑するね。

アメリカ

会社の正月休みは元日だけ!?

　日本の場合、1月1日からの3日間は「正月三が日」といい、新年を祝う期間にあたるので、たいていの会社は休みになります。しかし、アメリカでは一般的に1月1日だけが休みで、2日には仕事が始まります。新年のお祝いは、12月31日から1月1日に日付が変わる夜に、年越しのカウントダウンが盛大に行われます。

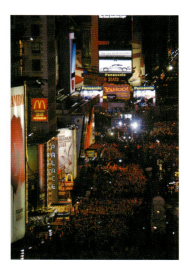

アメリカ・ニューヨークのタイムズスクエアで行われる新年のカウントダウンのようす。

文化あれこれ

豆知識 イギリス

バカンスで海水浴が人気の理由

　フランスほど長くありませんが、イギリスでも、夏は多くの人がバカンスをとります。人気の旅行地は、スペインやギリシャ、イタリア南部など地中海沿岸の暖かい地方のリゾート地で、多くの人が海水浴や日光浴を楽しんでいます。イギリスは、日本の北海道よりもずっと北にあるため、一年中比較的すずしく、夏でも30度をこえることはほとんどありません。そのため、バカンスになると気候が温暖な国へ行くのです。

地図で見るとイギリスは日本より北にあることがわかる。

豆知識 オーストラリアなど

はたらきながら休みを楽しむ

　外国に長い期間とどまって、その国の人々の生活や文化に親しみたいときに、利用されているのが「ワーキング・ホリデー」という制度です。現地ではたらいて食費や交通費、宿泊費をかせぎながら、最長で2年間、旅行を楽しむことができます。ただし、どこの国でもできるわけではなく、日本の場合は、オーストラリア、韓国、カナダなど16か国が対象です。また、国ごとに年齢制限があり、18〜25才、または30才までとなっています。

ワーキング・ホリデーで人気の目的地の一つが、オーストラリアの農園。

鉄道のおくれに対する考え方のちがい　イタリアの場合

列車が時間どおり

お父さんがイタリアに行ったら電車がなかなか来なかった

> 日本の鉄道は、たとえ1分でも「おくれ」あつかいになりますが…

 多くの乗客を早く、安全に運ぶために時間を守る

　東海道新幹線は、電車が1分でもおくれると「おくれ」とみなされるそうです。これほど時間に厳しい理由の一つに、駅の大きさがあります。日本で鉄道を利用する人は年間約240億人もいますが、それぞれの駅のホームはあまり大きくありません。

　もし、何らかの理由で電車が予定どおりに発車できないと、あとの電車がつかえておくれがさらに広がってしまいます。さらに、ホームに人があふれてしまい、思わぬ事故につながることも考えられます。つまり、日本の鉄道がおくれられない理由の一つは、たくさんの乗客を安全かつスムーズに運ぶためといえます。

> 朝や夕方はホームにたくさんの人がいるよね。

に来るのはめずらしい？

んだって。駅の人は「電車はおくれるもの」って言っていたみたいだけど本当かな？

イタリアの鉄道は、15分以上でないと「おくれ」になりません。

鉄道にたよる人がそれほど多くない

ヨーロッパでは、電車の「おくれ」に対する考え方が日本とはちがい、5分以内であれば「おくれ」としないことが多いようです。なかには、イタリアのように15分以上でなければ「おくれ」としない国もあります。イタリアの鉄道が時間に厳しくないのは、利用者が日本よりも少ないことと、それほど正確さが求められていないためだと考えられます。イタリアでは「電車はおくれるもの」と考えられているので、おくれを気にしない人が多いようです。

時間の感覚が国によってちがう

イタリアの人たちの時間に対する感覚は、日本と比べるとかなりゆるやかで、「おくれ」をあまり気にしません。日本では一般的に「5分前行動」でおくれないように注意しますが、イタリアでは会議などにおくれてもそれほど問題にはなりません。これは、決められた時間に会議を始めることよりも、全員がそろってから始めることのほうが大切だと考えているためだといいます。

まとめ: どうしてちがうの？

日本の鉄道の運行が時間に正確で、イタリアの鉄道がおくれることが多いのは次のような背景があるようです。

1 駅がせまい日本では、多くの乗客を安全かつスムーズに運ぶためにダイヤを守る必要がある。

2 イタリアは、鉄道にたよる人が日本ほど多くないので、あまり正確さが求められていない。

いろいろな国の鉄道のルール

🇹🇭 タイ

お坊さん専用の席がある

熱心な仏教徒が多いタイには、約40万人のお坊さんがいます。お坊さんになれるのは男性だけで、厳しい決まりにしたがって修行をしています。決まりの中には、女性にふれることができないという内容もあるため、電車の中でお坊さんがまちがって女性にふれないように、また女性にふれられないように専用の席が用意されています。

🇳🇱 オランダ

自転車の持ちこみが自由

オランダでは自転車は環境にやさしい乗りものととらえ、国として利用をすすめています。そのため、自転車をそのまま電車に持ちこむことができます。日本でも比較的利用者が少ない地方の路線で同じようなサービスがありますが、オランダでは大都市の主要路線でもラッシュ時間帯以外に、決められた料金をはらって自転車を持ちこめます。

自転車の持ちこみ可能を示すマークのあるオランダの鉄道

🇭🇺 ハンガリー

子どもが運営する鉄道

ハンガリーには、子どもが運営する「ブダペスト子ども鉄道」があります。運転は大人が行い、大人のかんとくもいますが、きっぷの販売や安全の確認などの仕事を10～14才の子どもが受けもっています。この鉄道は1948年に社会教育の一つとして始まり、今も観光鉄道として人気を集めています。

ブダペスト子ども鉄道の列車

約11kmの区間を走る鉄道だよ。

文化あれこれ

豆知識 世界

鉄道が世界の時間の基準を決めた

　日本の時刻は、東経135度を通っている兵庫県明石市を基準にして全国どこでも同じです。このように国や地域ごとに共通で使用される時刻を「標準時」といい、1884年にイギリスのロンドンが世界の標準時の基準として定められました。

　標準時が定められる前、イギリスではそれぞれの地域ごとに時刻が異なっていました。しかし、当時の人々の多くは、自分たちが暮らす地域からあまり出ることがなかったので、特に問題はありませんでした。鉄道が発達してくると、人々はそれまでよりも遠くまで、短い時間で移動できるようになりました。そのため、地域によって時刻がちがうと、列車を正確に運行することができないばかりか、大きな事故につながるおそれもありました。また、生活や仕事の面でも不便です。

　そこで、1840年にイギリスの国内で鉄道の標準時（鉄道時間）が決められたのです。そして、1880年にはこの鉄道時間をもとにして、世界で初めて国内で統一の標準時が定められ、のちに世界の標準時（グリニッジ標準時）を決めるときの基準になりました。

豆知識 日本

時間を守るための工夫

　日本の鉄道の正確さは、さまざまなシステムによって守られています。JR東日本では「総合指令室」を設けて、1日に約1万2,000本の電車を24時間体制で見守っています。1分でも電車がおくれると、総合指令室に知らせが届き、電車の速度や間かくを調整します。

　また、事故などで電車が止まってしまうと、後ろを走っていた電車は、動くことができなくなり、ダイヤに大きなおくれが発生します。

　このようなときは、一部の電車の行き先を変える、運休する電車を決める、止まっている電車でふさがっている区間をさけて通る電車を設けるなどして、できるだけ乗客の不便をなくしながら、おくれを取りもどすようにしています。同時に、電車の車掌や運転士も電車が最高速度で走る時間を少しでも長くする、駅の停車時間を少しでも短くするなどして、スピードアップに努めています。

　また、それぞれの駅でも、朝夕のラッシュ時間帯を中心に乗客がスムーズに乗り降りできるようにするため、電車の発車順に乗客がホームに並ぶ位置を変えるなどして、駅での停車時間が長引かないようにする工夫をしています。

一度は乗ってみたい！世界の人気列車

日本とちがい、世界では国をまたいで走る長距離列車が数多く活躍しています。また、地域に密着した生活に欠かせない列車もあります。そんな世界のみりょく的な鉄道を紹介します。

1 TGV

TGVは「トラン・ア・グラン・ヴィテス（「高速列車」という意味）」の略です。フランス国鉄の超特急で、首都パリとフランスの各地、そして近隣のドイツやスペインなどの都市をつなぎます。最高速度時速320kmで運行されています。

2 ユーロスター

1994年に開通した、イギリス、フランス、ベルギーをつなぐ鉄道です。飛行機に対抗するために、乗り心地のよい車両が使われています。イギリスのロンドンとベルギーのブリュッセルを2時間程度で結んでいます。

3 上海トランスラピッド

磁石の力でういて走るリニアモーターカー。最高時速は430kmで、上海浦東空港駅から都心の龍陽路駅までの約30kmを結んでいます。ドイツの技術が使われていて、日本で開発されている超伝導リニアとはちがい、つねに列車がういています。

4 シベリア鉄道

約9300kmという世界で最も長い距離を走る鉄道です。ロシア西部にあるモスクワと、東部の日本海に面したウラジオストクを6泊7日で結んでいます。シベリア鉄道の北側には、第2シベリア鉄道ともよばれる、バイカル・アムール鉄道があります。

6 路面ケーブルカー

アメリカのサンフランシスコには路面を走るケーブルカーがあります。サンフランシスコは坂が多いため、長く人々に親しまれています。ケーブルカーは世界各地にありますが、路面を走るケーブルカーはめずらしいです。開業は1873年と古いため、方向転換は人力で行います。

©Pius Lee-Fotolia.com

いろいろなタイプの列車があるわね。乗るのもいいけどいじってみたいわ。

5 ブリティッシュ・プルマン

イギリスの南部を走る世界でも有数の豪華列車。イギリスの女王も利用しますが、だれでも乗ることができます。ステンドグラスや細やかな寄木細工など、車内の美しいかざりも評価されています。

写真：Alamy／アフロ

世界遺産になっている鉄道

7 オーストリア「ゼメリング鉄道」

アルプス山脈の山の中を走る鉄道で、初めてアルプス越えに成功した山岳鉄道として世界遺産に登録されました。開通は1854年。S字カーブを用いたりして、460mの高低差を結んでいます。

©Alice-Fotolia.com

8 インドの山岳鉄道群

インドの北にあるヒマラヤ山脈を走る3つの登山鉄道です。このうち、ダージリン・ヒマラヤ鉄道は、ダージリンから紅茶を運ぶために、1881年に開業しました。時速10〜15kmぐらいでゆっくり走ります。

©erhardpix-Fotolia.com

9 ハンガリー「ブダペスト地下鉄1号線」

2002年に、ブダペストの歴史的な地区の一部として登録されました。トンネルを横にほり進むのではなく、道路をみぞのようにほり下げて、鉄道を通してからふたをするというつくり方なので、浅いところを走っています。

©Canoneer-Fotolia.com

10 スイス「レーティッシュ鉄道アルブラ線／ベルニナ線」

けい谷を高さ89mの橋でわたる鉄道で、景色のよさがみりょくです。また、石づくりのアーチ橋や、らせん状の線路などで416mもの高さを上がる部分など、見どころが多く、人気の観光名所となっています。

写真：三枝輝雄／アフロ

チップの習慣があるかないかのちがい
アメリカの場合

気持ちのよいサ―

アメリカ旅行をしたとき、レストランでお父さんがテ―

日本では、料金にプラスして
お金をはらうことはありませんが…

 仕事をていねいにするのは当然と考える

　チップとは、ホテルやレストランなどを利用したときに、料金にプラスしてはらうお金のことです。アメリカやヨーロッパの国々を中心に、よいサービスを受けたときには、チップをはらうことがマナーであるという考えがあります。

　日本にチップをはらう習慣がないのは、仕事はていねいに行うのが当たり前で、サービスに見返りを求めないことが美徳とされているからです。また、食事代や宿泊代にサービスの料金もふくまれていることが多いため、チップの習慣がある国へ行くととまどう人が多いようです。

日本では料金以外のお金をはらう必要はないと考える人が多いね。

ビスにはお金がかかる？

ブルにお金を置いて帰ったんだ。なぜだろう？

アメリカでは、よいサービスに対してチップをはらう習慣があります。

 チップをみこんで、給料が決められることもある

　チップの習慣がいつごろから始まったのかははっきりしませんが、この習慣が特に根づいているのはアメリカです。ホテルやレストランなどでは、もらえると予想されるチップをみこんで、給料が決められることもあります。そのため、チップがもらえないと給料が少なくなることになります。アメリカのサービス業で働く人にとってはそれほどチップは大切なのです。

どんなときにチップをはらえばよい？

　国やサービスの内容によってちがいますが、チップは料金の10〜20％ぐらいが適当だとされています。チップをはらうのは、おもにホテルやレストラン、タクシーなどを利用したときで、スーパーやコンビニエンスストアなどで買いものをしたときには、はらう必要はありません。店の人にサービスをしてもらったときに、チップをはらえばよいのです。

まとめ どうしてちがうの？

アメリカやヨーロッパで一般的なチップの習慣が、日本に根づかないのは、次のような背景があるようです。

1 日本では、サービスの料金は代金にふくまれているのでチップは不要だと考えられている。

2 欧米では、料金とは別にサービスに対してもお金をもらうことが当然だと考えられている。

3 アメリカでは、もらえるチップをみこんで給料が決められている場合もある。

いろいろな国のお金に関する習慣

ヨーロッパ
トイレを利用するときにもチップ!?

ヨーロッパの国々では、公衆トイレを利用する場合にもチップが必要になることがあります。たいていは入り口にいる人にわたしたり、箱に入れたりします。集められたチップは、水道代やトイレットペーパー代、そうじなどの費用になります。最近は、日本でも駅や山小屋などでチップ制のトイレを取り入れているところがあります。

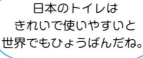
日本のトイレはきれいで使いやすいと世界でもひょうばんだね。

エジプト
貧しい人へのほどこし

エジプトなどイスラム教への信仰が深い国々には、「バクシーシ」という習慣があります。チップはサービスに対するお礼ですが、バクシーシは、豊かな人が貧しい人に対してほどこすことをさします。イスラム教には、「豊かな人は収入の一部を、こまっている人にほどこさなければならない」という教えがあるためです。

タイ
お金をわたすのはよい行い

熱心な仏教徒が多いタイでは、お坊さんにお金や食べものをわたす「タンブン」という習慣があります。タンブンとは、「よいことをする、徳をつむ」という意味です。お坊さんにほどこしをして、お経をとなえてもらえれば、自分にもよいことが起こると考えられています。

キリスト教の国 ✈

さいせん箱が教会にもある!?

　日本の神社や寺には、神様や仏様にお参りをするときにお金を入れる「さいせん箱」があります。キリスト教の教会にも、さいせん箱に似た「奉献箱」が置かれているところがあります。集まったお金は、教会の建物の管理や、めぐまれない人たちへの寄付などに使われます。

願いがかなったときには、お礼のおさいせんも忘れずに。

文化あれこれ

日本にもあった！チップの習慣

　チップによく似た日本の習慣に「枕銭」「心づけ」があります。どちらも、おもに旅館にとまったときにわたされるもので、「枕銭」は、宿を出る前に枕の下に置き、「心づけ」は「おかみさん」という女性主人や従業員に直接手わたします。どちらも、よいサービスを受けたときのお礼としてわたすもので、考え方としてはアメリカやヨーロッパのチップと同じですが、必ずわたさなければならないものではありません。

クレジットカードでチップをはらうには

　クレジットカードとは、買いものや食事などをしたときに、お金の代わりに使うカードのことです。使った分のお金が、あとで銀行の口座から引き落とされます。お金を持ち歩かずにすむので、海外旅行のときなどに便利で安全ですが、カードでチップをはらいたいときは、どうすればいいのでしょう。たいていの場合、料金が書かれたレシートや明細書に「TIP（チップ）」というらんがあり、そこに自分で書きこむようになっています。料金の10〜20％の金額を書いて会計をすれば、チップをはらったことになります。

別荘はお金持ち

スペインから来た友だちに聞いたんだけど、向こうでは

日本では、別荘はお金持ちでないと もてないイメージがありますが…

もったとしても利用する時間がない

　別荘というと、日本では「お金持ちの人がもつもの」というイメージがあります。世界的にみれば、日本は豊かな国ですが、別荘をもつ家庭が少ないのは、もったとしても「利用する機会があまりない」と考える人が多いためのようです。

　ヨーロッパやアメリカの「バカンス」のように、日本人は長い休みがとれないので、別荘をもつよりは、観光地のホテルや旅館にとまったほうがお金がかかりません。また、別荘はそうじなどの手入れも大変です。管理は人にまかせるとしても、その費用がもったいないと考えて、別荘は必要ないと考える人が多いようです。

別荘があっても使わなかったらもったいないね。

じゃなくてももてるの？

別荘をもっている人が多いんだって。お金持ちが多いのかな？

 スペインでは、第二の家として多くの家庭が別荘をもっています。

 スペイン

 **休みになると、都会をぬけ出して気軽に利用**

　国全体でみると、スペインは日本よりも経済的に豊かな国ではありません。しかし、多くの家庭が別荘をもっています。それほどお金持ちではない家庭でも別荘をもっていることもあり、第二の家として週末ごとに訪れるそうです。スペインの都市部の家はせまいため、多少の無理をしても別荘をもち、週末やバカンスの間は別荘でゆっくりとくつろぎたいと考えるのだといいます。

 スペインの都市は暮らしにくい？
　スペインの都市部ではせまい家が多く、窓が小さく日当たりがよくないといいます。また、引っこしする人が多いため、となり近所の人ともあまり親しくなれないそうです。日曜日はキリスト教の主日（→5巻 p.19）にあたるので、町の商店は休みになり買いものにも不自由します。そのため、多くの人が、都市は暮らしにくいと考えているようです。

まとめ どうしてちがうの？

日本とはちがい、スペインの多くの家庭が別荘をもっているのには、次のような背景があるようです。

1. 日本では、別荘をもっても利用する時間がないと考えている人が多い。
2. スペインの都市部の住居は、環境があまりよくないので、ゆったり暮らせない。
3. スペインの郊外は、緑が多く暮らしやすい。

いろいろな国の住宅事情

🇷🇺 ロシア

夏は畑つきの別荘で野菜をつくる

ロシアの都市部に住む人の多くは、「ダーチャ」という畑つきの別荘を郊外にもっています。夏の間はここでくつろぎながら野菜やくだものを育てます。もともとは、ききんに備えて自給自足をするための施設でしたが、今は多くの人がのんびりとした生活と農作業を楽しんでいます。

🇳🇱 オランダ

船につくられた家

オランダの首都アムステルダムは、低地をうめ立ててつくられました。そのため、家を建てられる土地が少なく、川に浮かべた船を家として暮らしている人がいます。

「ボートハウス」とよばれるこの家には、水道や電気が引かれていて、陸地の家と同じように暮らすことができ、住所もあります。

オランダには1万以上のボートハウスがあるといわれている。

🇦🇺 オーストラリア

地下のトンネルで暮らした人々

オーストラリアのクーバーペディは、地下にある町です。20世紀はじめ、ここでオパールという宝石が発見されると、多くの人が集まり、いたるところで発掘用のトンネルがほられ、やがて人々がそこに部屋をつくって住むようになりました。今も発掘は続いていますが、そのめずらしさから観光地としても人気を集めています。

夏でもすずしくて快適なんだって。

かべにつくられた地下の家への入り口。

文化あれこれ

豆知識 世界 | 住める世界遺産

スペイン カサ・ミラ

スペインのカサ・ミラは、世界的な建築家、アントニ・ガウディが設計し、1910年につくられた住宅です。波のような形をした柱やバルコニーが並ぶ姿は、おとぎ話に出てくる建物のようです。1984年に世界文化遺産に登録され、部屋の大部分が博物館になっていますが、現在も何人かが暮らしているそうです。

家賃は15万円ほどで、予約がいっぱいだという。

日本 合掌造りの家

岐阜県の白川郷には、家全体をおおうほど大きな屋根をもつ「合掌造り」の民家があります。日本ではめずらしい3階・4階だてのつくりで、屋根の角度が急なのは、積もった雪を落しやすくするためです。また、屋根裏に広い空間ができるので、昔はそこで絹糸をつくるかいこを育てていました。

合掌造りの家は、富山県の五箇山にもある。

オーストリア シェーンブルン宮殿

オーストリアの首都ウィーンにあるシェーンブルン宮殿は部屋の数が1,400室以上もある巨大な宮殿です。1996年に世界文化遺産に登録されましたが、この宮殿にも人が住んでいます。1960年代、人口が急増したウィーンの住宅不足を解消するために、政府が宮殿の一部を賃貸住宅として開放することにしたそうです。家賃は約5万円です。部屋のつくりが古く、リフォームも自由にはできないので、地元の人にはあまり人気がないそうです。

庭園がみりょくのシェーンブルン宮殿。敷地内には日本庭園もある。

> 宮殿に住めたら、王様気分があじわえそう。

おみやげの習慣のちがい
アメリカの場合

観光地で買ったおみ

旅のおみやげを配っていたら、アメリカ人の友だちに「な

> 日本人は、旅行に出かけると家族や友人におみやげを買いますが…

行けない人のために旅先でおみやげを買う

　江戸時代、人々の間で大きな神社やお寺にお参りする旅が流行しました。しかし、当時は歩いて旅をしたので、時間とお金がとてもかかりました。そこで、村でお参りに行く人がいる場合、せん別をわたして、自分の分までお参りをしてくれるようたのみました。お参りに行った人は、神社やお寺のお札やお守りを買って帰るのです。これが、おみやげの始まりといわれています。

　時代が変わり、だれもが好きなところへ旅行できるようになっても、家族や友人だけでなく、近所の親しい人や会社の人などのためにもおみやげを買って帰るのは、この習慣が残っているためと考えられています。

大きなお寺や神社がある門前町には、おみやげ屋さんが多いね。

やげを配るのは日本人だけ?

ゲ、みんなの分も買ってくるの?」と言われたよ。

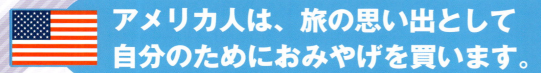
アメリカ人は、旅の思い出として自分のためにおみやげを買います。

🛍 キーホルダーや置きものなど記念になるものが中心

　アメリカやヨーロッパでも、旅先でおみやげを買う人はいますが、あくまでも自分やごく親しい人のためのものです。会社の人や近所の人に配ることは、まずありません。旅行とは自分が楽しむためのもので、おみやげは自分のために買う旅の思い出の品だと考えられているからです。そのため、観光地でもキーホルダーや絵はがき、置きもの、Tシャツなどの記念品がおみやげとして売られています。

外国人に人気の意外なおみやげ
　日本を訪れる外国人にとって定番のおみやげは、ふろしきや手ぬぐい、せんすなど日本的なものが中心です。しかし、最近は、100円ショップで売っている文房具や日用品など、もともとはおみやげ用の品物ではないものも人気があります。値段が手ごろで、自分の国ではみられないカラフルな色やかわいいデザインが人気の理由のようです。

まとめ どうしてちがうの？

日本人とはちがい、アメリカ人が買ったおみやげを配らないのには、次のような考え方のちがいがあるようです。

1 かつて、日本では、旅に出かけた人は、せん別をくれた人におみやげを買って帰る習慣があった。

2 アメリカ人は、旅行は自分が楽しむためのものだと考えている。

3 アメリカ人にとって、おみやげとは自分のために買う旅の思い出の品である。

いろいろな国のおくりものの習慣

ロシア

花をおくるときは奇数で

誕生日や記念日に花をおくるのは、世界共通の習慣ですが、国によっては注意が必要です。ロシアの人は、花をおくるとき、必ず本数が奇数になるようにします。偶数本の花は、葬式のときなどに、おくやみの気持ちを示すためにおくるものだからです。

アメリカ

日本とは逆のバレンタインデー

2月14日のバレンタインデーは、恋人たちが愛のちかいをする日として知られています。日本では、女性が男性にチョコレートをおくりますが、食べ物をおくるのは世界でもまれです。アメリカやヨーロッパでは、メッセージつきのカードや花を、それも多くの場合は男性が女性におくります。

中国

時計をおくるのはタブー

日本では、入学や就職のお祝いとして時計をおくることがよくあります。しかし中国では、置き時計やかけ時計をプレゼントすることは、あまり好ましくありません。中国語で「時計」ということばは、「終わり」という意味を表すことばと同じ発音なので、「死」を連想させて不吉だと考えられているからです。

「時計をおくる」ことは「終わりをおくる」こと、つまり「終わりをつげる」ことになるんだ。

🇺🇸 アメリカ ✈

プレゼントを返品できる!?

アメリカでは、プレゼントが気に入らなかったり、同じものを二つ以上もらったりした場合に、買ったお店に返品することができます。お店にプレゼントとレシートを持っていくと、プレゼントと同額のお金や商品券がもらえるそうです。そのため、プレゼントといっしょに、レシートもつけてわたすそうです。

日本では、プレゼントの金額を知られないようにすることが多いね。

文化あれこれ

豆知識 ヨーロッパ

出産祝いにおくる銀のスプーン

ヨーロッパの国々では赤ちゃんが生まれると、銀のスプーンをおくる風習があります。食事をとるときに欠かせないスプーンをおくることで、「一生、食べることにこまらないように」という願いがこめられているのです。また、昔から銀には魔よけの力があるとされてきました。銀のスプーンを持つことで、病気や不幸をさけることができるとも考えられたのです。

豆知識 シンガポール

大人もお年玉をもらえる!?

シンガポールでは、新年に「アンパオ」とよばれるお年玉のような習慣があります。大人が子どもにわたすのはもちろんのこと、大人も会社などで目上の人からアンパオをもらえるそうです。もとは中国の習慣でしたが、シンガポールには中国から移住した人が多いので、ここでも行われるようになりました。お金はえんぎがよいとされる偶数金額が、赤いふうとうに入っています。

国や地域の文化がわかる！
世界のおみやげ

日本に来る外国人旅行者のおみやげとして、せんすや食品サンプルなどが人気といいます。これらは、日本の文化や習慣などを伝えるものでもあります。外国にも、その土地の人々の思いがこもっていたり、歴史を感じさせたりするおみやげがあるので、見てみましょう。

ククサ（フィンランド）

フィンランドといえば、ムーミンやサンタクロースが有名ですが、おみやげとしてはククサが人気です。白樺の木でつくられたマグカップのようなもので、おくられた人は幸せになるといわれています。

©Alex-Fotolia.com

ガネーシャ（インド）

ガネーシャは体は人間、頭は象という神様です。学業や商売などの神様で、インドの人たちに親しまれています。ポスターやはがき、Tシャツなど、いろいろな「ガネーシャグッズ」が売られています。

©Brad Pict-Fotolia.com

刺繡グッズ（ベトナム）

王国だった時代に刺繡の技術が発達し、今に受けつがれています。あざやかな色の糸を組み合わせてえがく、植物や幾何学模様などが特ちょうです。ポーチやペンケース、バッグなどのおみやげがあります。

©Joachim Martin-Fotolia.com

剪紙（中国）

赤い紙を切りぬいて、「福」や「喜」といっためでたい文字や、えんぎがよいといわれる龍や鯉、干支の動物の形にしたものです。額に入れたり、壁にはったりして、部屋のかざりにします。

©eskay lim-Fotolia.com

故宮博物院の白菜グッズ（台湾）

中国の宝物を集めた台湾の故宮博物院の中でも、もっとも有名な展示物が「翠玉白菜」です。ひすいという緑色の石をほったもので、小さな白菜のように見えます。おみやげとして、白菜がついたキーホルダーやペンが人気です。

翠玉白菜
写真：Alamy／アフロ

ドリームキャッチャー（アメリカ）

アメリカの先住民族に伝わるお守りです。丸い網の下に鳥の羽やビーズでできたかざりが下がっています。ねるときに近くに下げておくと、網に悪い夢が引っかかり、いい夢しか見ないと信じられています。

©ame kamura-Fotolia.com

> いいことがありそうなおみやげばかりですね。いつか相棒といっしょに行ってみたいですね。

エケコドール（ペルー、ボリビアなど）
（ペルー国旗）

南アメリカのアンデス周辺の国々で、おみやげといえば「エケコドール」という人形です。ほしいものの模型などを、その人形にぶら下げていのると手に入るという福の神です。火曜日と金曜日にたばこをくわえさせると、さらに願いがかなうといわれています。

セメントがおみやげ！?

ドイツはかつて東ドイツと西ドイツに分かれていて、当時の首都ベルリンには東西を分ける壁がありました。しかし1989年に、その壁が市民によって壊され、翌年の東西統一へと進んだのです。そのときの壁のかけらがおみやげとして売られています。見た目は、ただのセメントのかけらなので、本物かどうかはわかりません。

©michelangeloop-Fotolia.com

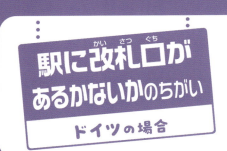

改札口のない

家族でドイツを旅行したとき、鉄道の駅に改札口がなく

日本では、鉄道に乗るときには改札口を通りますが…

正しいきっぷを持っているかどうか確認する

　日本では、列車に乗るのに、きっぷやICカード乗車券が必要です。きっぷは、列車に乗るための料金をはらったことを示すものです。そして、列車に乗る前と後に、「正しいきっぷやICカード乗車券を持っているかどうか」を確かめるのが改札口です。今は、自動改札が増えていますが、昔は駅員さんがきっぷを1枚ずつ確認していました。列車がすいていれば、車掌さんが車内できっぷを確認できますが、混雑していると大変です。そのため、駅に改札口を設けて、乗り降りする人のきっぷやICカード乗車券を確かめ、まちがいや不正な乗車を防いでいます。

乗客が少ない路線では、車内できっぷを確認することがあるね。

駅があるの？

て、自由にホームまで行けたよ。

ドイツでは、きっぷを買ったら改札口を通らずにホームに入れます。

車内できっぷを確かめるから改札口は必要なし

　ドイツでは、日本の新幹線のような長距離を移動するための列車の駅には、改札口がありません。列車の中で係員がきっぷを確認する「車内検札」があるためです。鉄道の歴史が古いヨーロッパでは長い間、車内検札が行われてきました。このため、利用客は、正しい料金のきっぷを買う習慣がついており、改札口を設ける必要がないのです。また、日本ほど利用客が多くないので、車内検札もしやすくなっています。

不正乗車をすると重大な罪になる

　日本の場合、目的地までのきっぷを持っていない場合、車内や降りる駅で追加料金をはらって精算できます。しかし、ヨーロッパの鉄道では、このような方法は認められていません。車内検札や降りる駅で、料金が足りないことがわかると、買いまちがいでも、その場で多額の罰金をはらわなければなりません。人々が正しい料金のきっぷを買うのは、こんな理由もあるようです。

まとめ どうしてちがうの？

改札口が日本の駅にはあって、ドイツの駅にないのには、次のような考え方のちがいがあるようです。

1. 日本の駅の改札口は、不正な料金で列車を利用することを防ぐためにある。
2. ヨーロッパでは、列車を利用するときは、正しい料金のきっぷを買う習慣がついている。
3. ヨーロッパでは、不正な料金で列車に乗ると、重い罰金が科される。

いろいろな国の鉄道のルール

ドイツ
ふだん着で列車を運転する！？

ドイツの鉄道の運転士は、Tシャツやジャンパー姿で運転しています。日本の鉄道では、駅員も運転士も必ず制服と帽子を身に着けていますが、ドイツの場合、お客さんの前に出なくてもよい運転士や機関士は、制服を着なくてもよい決まりになっています。

中国
背の高さで決まる子ども料金

日本の鉄道は、小学生までが子ども料金です。つまり、年齢によって決まることが多いのですが、中国では、身長によって子ども料金が決まります。18才以下で身長が120cm以上150cm以下の人が大人の半分の料金で乗車できるそうです。逆に身長が150cmより高い場合は、13才でも大人と同じ料金になります。

※基準が異なる鉄道もあります。

スペイン
列車の写真をとってはいけない！

スペインでは、列車や駅のホームで写真をとってはいけません。この決まりをやぶると、駅の警備員に厳しく注意されます。古くから鉄道は、兵士や軍事用の荷物を運ぶためのもので、どこに何を運ぶかは国の重要な秘密でした。写真をとると、その秘密がもれるおそれがあるため禁止されてきました。今でもその習慣が残っているのです。

かつては、ロシアや東ヨーロッパの国々でも鉄道の写真をとってはいけなかったよ。

アメリカやヨーロッパ

都市の列車は座り心地が悪い！?

　日本の場合、どこを走る列車でもクッションのあるやわらかい座席になっています。しかし、アメリカやヨーロッパの国々では、都市部を走る、移動距離が短い列車の座席は、かたいプラスチック製です。長い時間座らないので、座り心地はあまり重視されていないのです。また、クッションのように表面がすれたりやぶけたりすることもなく、そうじのときも、ふくだけできれいになるという理由もあります。

プラスチックのほうが長持ちするかな？

文化あれこれ

豆知識　イギリス

江戸時代から走っていた地下鉄

　世界初の地下鉄は、1863年にイギリスのロンドンで開通しました。日本はそのとき、江戸時代末期です。列車は、10分おきに運行され、開業初日には4万人もの利用客があったそうです。当時はまだ蒸気機関車だったので、ホームに列車が入ってくると、地下にけむりがこもって大変だったそうです。日本の地下鉄も歴史は古く、※最初の地下鉄は、1927年に東京の上野～浅草間で開通しました。

豆知識　イギリス・フランス・ベルギー

専用の待合室がある列車

　イギリス・フランス・ベルギーを結ぶユーロスターという高速鉄道があります。日本の新幹線や特急列車のように座席のグレードによって料金がちがいますが、最良の座席には専用の待合室があります。乗客が出発までの時間を快適に過ごせるように、ゆったりとした席で、軽食もとれます。ただし、出発30分前にきっぷの手続きをすませておく必要があります。

※1925年の仙台（宮城県）の地下を走る鉄道を最初の地下鉄とする説もあります。

救急車の代わりに

救急車の制度のちがい —オーストラリアの場合

オーストラリアから来た友だちに聞いたけど、急病で、

> 日本では、けが人や急病人を救急車が運びますが…

 国土が広くないので、救急車でじゅうぶん

　日本で救急車が使われるようになったのは、今から約80年前の1933年のことです。それ以前は、リヤカーなどを使って、けが人や急病人を医師のもとへ運んでいたそうです。当時は、ほそうされた道路も少なく、運ぶのにかなり時間がかかりました。今では、平均すると10分以内※に救急車が到着します。救急車は、けが人や急病人を1秒でも早く病院に運び、多くの命を救おうと努めています。さいわい日本は、全国のいたるところに消防署や病院があるため、119番に電話をかければ、すぐに病院まで運んでくれます。

※消防庁データ

> 島の場合は、ヘリコプターや飛行機で運ぶこともあるよ。

飛行機が飛んでくるの？

飛行機に乗ってきたお医者さんから手当てを受けたことがあるんだって！

オーストラリアでは、お医者さんが飛行機で来てくれることがあります。

オーストラリア

国土が広いので、病院まで遠い地域もある

　オーストラリアは、日本の約20倍の面積がある広い国です。都市部では日本と同じように救急車を利用できますが、人口が少ない内陸部では、近くの病院まで数十〜数百kmもはなれていることもあります。このような地域には、医師が飛行機に乗ってかけつける「フライングドクター」という制度があります。

約20倍

かけつけたらすぐに手当てする

「フライングドクター」で使われる移動の手段は、おもに小型飛行機です。救急車と同様に24時間体制で準備していて、通報を受けると医師を乗せて飛び立ち、だいたい90分以内に現場に到着するそうです。そのまま、病院のある都市に運ぶこともできますが、引き返すには時間がかかるので、医師は、連絡を受けた人の家で、すぐに手当てをすることが多いそうです。

まとめ どうしてちがうの？

日本とオーストラリアで、けが人や急病人の運び方にちがいがあるのは、次のような背景があるようです。

1 日本は、全国各地に病院があり、すぐに救急車で運ぶことができる。

2 オーストラリアは、国土がとても広く、近くに病院がないことも多い。

3 オーストラリアには、医師が飛行機でかけつけてすぐに手当てができるような制度がある。

世界の救急車・消防車・パトカー

🇨🇦 カナダ

お金をはらって救急車をよぶ!?

世界には、救急車をよぶとお金がかかる国があります。都市によってちがいますが、カナダのバンクーバーで救急車を利用すると、約6万円の料金をはらわなければなりません（ただし、交通事故などは無料）。また、救急車を民間の会社が運営している国もあり、その場合もやはりお金がかかります。

🇺🇸 アメリカ

黄色や青色の消防車がある

消防車が赤いのは、目立つ色で周りの注意をひき、警戒心をもたせるためといわれています。赤い色は世界の多くの国で共通していますが、アメリカの一部の州には、黄色や青色の消防車もあるそうです。日本の場合、消防車の色は国の法律で決められていますが、アメリカは州によって法律がちがい、消防車の色もさまざまなのです。

🇨🇦 カナダ

消防と警察の電話番号が同じ国

日本では消防と救急の通報は119番で、警察は110番です。しかし、カナダでは、どちらも911番です。消防や救急、警察に電話するときは、あわてていることが多いので、電話のかけまちがいをしないように統一しているそうです。一方で、連絡を受けるほうの混乱を防ぐために消防・救急・警察の番号が全部ちがうインドのような国もあります。

> インドは、警察が100番、消防が101番、救急が102番だって。

🇨🇦 カナダ ✈

森林の火事には飛行機が出動

　広大な森林が広がるカナダでは、山火事が起きたときに専用の飛行機から水をまいて消火活動を行います。道路がない山奥でも、空から消火活動ができるからです。飛行機は水面で離着陸ができるようになっていて、水のタンクが空になってしまった場合は、近くの湖で水を補給してから、ふたたび火災現場に向かうそうです。

水面で離着陸できる飛行機を飛行艇というよ。

文化あれこれ

豆知識 日本

交番は日本にしかない！？

　町のあちこちにある交番は、警察官がいて町を見守っているので、犯罪を防ぐのに役立っています。しかし、交番は日本以外の国にはほとんどありません。世界の多くの国では、警察官がいるのは地域の警察署で、町中に立つことはないそうです。しかし、最近では交番が犯罪を防ぐ効果があることに注目して、ブラジルのように日本の交番に似た建物を町中に設けている国もあります。

豆知識 アメリカ

警察官が馬で町をパトロール

　アメリカの一部の州では、警察官が馬に乗って町をパトロールします。視線が高くなるので遠くまで見やすく、さらに目立つので犯罪を防ぐ効果があるといいます。また、カナダの森林警察でも馬を利用していますが、こちらは別の理由からです。森林のでこぼこした場所や急な斜面など、自動車などでは走れない場所でも、馬は通れることがあるためです。

タクシーの使い方のちがい アメリカの場合
タクシーのドア

アメリカ旅行に出かけたいとこが、町でタクシーを止め

日本のタクシーはドアが自動で開きますが…

 ### 運転手がドアを操作する

　タクシーのドアは運転手が操作して開け閉めするので、お店の入り口などのような自動ドアとはちがいますが、乗客にとっては「自動」と同じです。このドアも昔は乗客が自分で開け閉めしていましたが、目的地に着いた乗客が、ドアを閉め忘れることが多かったため、運転席からでも閉められるようにドアを改造したのが始まりだそうです。日本では、公共の交通機関といえば、ドアが自動で開く鉄道やバスが主流なので、自分でドアを開け閉めするという考えにならなかったようです。

運転手が手でドアを閉めるのは、大変だからね。

は自分で開けるの？

たけど、いつまでたってもドアが開かなかったんだって！

アメリカでは、乗る人が自分でドアを開けます。

自分で開ける習慣が根づいている

　タクシーはもともとヨーロッパで生まれた乗りものですが、昔も今もドアは乗る人が開け閉めします。日本とちがい、アメリカやヨーロッパでは古くから自家用車があり、自分でドアを開け閉めする習慣が根づいていたので、ドアを自動にするという発想がなかったのがその理由のようのです。ただし、荷物が多い人や女性の場合は、運転手が外に出てドアを開けてくれることもあります。

タクシーも「レディーファースト」!?

　アメリカやヨーロッパには、レディーファーストという、女性を優先するマナーや習慣があります。「道路を歩くときは男性が車道側を歩いて女性を守る」「レストランでは女性が先に席に着く」などです。また「ドアは男性が開ける」というのもレディーファーストの考え方にあたります。タクシーの運転手が女性客のためにドアを開けるのは、このマナーによる行動かもしれません。

まとめ どうしてちがうの？

日本とはちがって、アメリカやヨーロッパの国々でタクシーのドアが自動でないのには、次のような背景があるようです。

1 日本では、ドアを閉め忘れる乗客が多かったため、運転手が運転席からドアを閉められるようにした。

2 日本の交通機関は、ドアが自動で開閉する鉄道やバスが主流なので、閉め忘れが多かったと考えられている。

3 欧米では、自動車の歴史が古く、ドアを自分で開け閉めすることが当たり前なので、タクシーのドアも自動で開かない。

いろいろな国のめずらしいタクシー

🇸🇬 シンガポール

足でこぐ三輪自転車のタクシー

シンガポールには運転する人が足でこぐ、三輪の人力タクシーがあります。自転車の横に2人乗りの座席をつけた乗りものです。スピードはあまり出ませんが、周りをゆったり見ることができるので、観光用の乗りものとして人気があります。運転する人にとっては、燃料代がかからないので経済的です。

🇧🇳 ブルネイ

水上を移動する船のタクシー

東南アジアのブルネイの首都バンダルスリブガワンには、大きな川が流れていて、川辺には数万人が暮らす水上集落があります。人々のおもな交通手段は、木のボートにエンジンをつけた水上タクシーです。一日中、川の両岸や上流と下流の間を行き来しています。観光客にも人気ですが、料金は交渉で決まります。

🇻🇳 ベトナム

オートバイのタクシー

オートバイはベトナムの人にとって、いちばん身近な乗りものです。自動車よりもずっと値段が安く、小型のものは免許が必要ないからです。このため、「セオム」とよばれるオートバイのタクシー（バイクタクシー）が多くの人に利用されています。乗客は後部座席に乗って、ふり落とされないように運転手にしがみつきます。

ベトナム語で「セ」は「車」で「オム」は「だく」という意味なんだって。

🇬🇧 イギリス

世界一難しいタクシー免許試験

　首都ロンドンのタクシーの運転手のサービスは、世界一といわれています。目的地までの最短の道のりを、すばやく見つけ出して安全に乗客を運んでくれるからです。ただし、運転手になるには、とても難しい試験を受けなければなりません。運転の技術や市内の道路のようすなど、全部で7段階の試験を数年かけて受けるそうです。

　そのため、イギリスではロンドンのタクシーの運転手は弁護士と同じぐらい社会的に信頼されているそうです。

文化あれこれ

豆知識 中国

電線から電気をとって走るバス

　中国の都市では、めずらしいバスを見かけることがあります。見た目はふつうのバスですが、よく見ると屋根に電車のパンタグラフと似た機械がついています。この乗り物はトロリーバスといって、電線から電気をとってモーターで走るバスです。電車のようにレールをしく必要がないので安く開業できます。排出ガスを出さないので環境にもやさしいという長所があります。また、整備は電車よりもずっと簡単です。

日本の市街地でも1970年代まで走っていたよ。

豆知識 アルゼンチン

世界一長い区間を走るバス

　いくつもの国をまたいで、地上の長い区間を走る乗りものというと、鉄道が思いうかびます。ロシアのシベリア鉄道は、約1週間をかけて約7,400kmも走り、ヨーロッパとアジアにまたがるユーラシア大陸を横断します。一方、最長距離を走るバスは南アメリカにあります。アルゼンチンのブエノスアイレスと、ベネズエラのカラカスという都市を結ぶ長距離バスで、約5,000kmの道のりを4泊5日で走り続けるそうです。

人は「移動」するのが大好き？

現在、人々はさまざまな方法や目的で、世界各地を移動しています。実は大昔から人々は移動をしてきたのです。

人類はアフリカで誕生し、世界各地へ移動

今からおよそ700万年前、「猿人」とよばれる人類の祖先がアフリカ大陸に住んでいました。その後、猿人よりも脳が大きく、今の人類に近い体つきの「原人」が現れてユーラシア大陸（ヨーロッパとアジア）へと広がりました。続いて登場した「旧人」が、アフリカからヨーロッパや西・中央アジアにかけて住んでいたと考えられます。

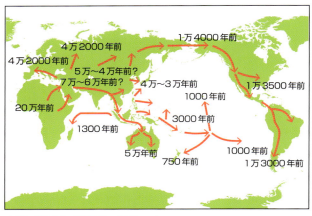

人類（新人）が広まったルート

現在のわたしたちと同じ人類の「新人」は、およそ20万年前にアフリカで誕生したとされています。長い間アフリカで暮らした新人は、7～6万年前にアフリカからユーラシア大陸に移動を始め、世界各地へと進出していきました。アジアのインドネシアからオーストラリアに到達し、ニュージーランドや南太平洋の島々にも移りました。アメリカ大陸には、ユーラシア大陸からベーリング海をわたって向かったとされています。日本には、約4～3万年前には到達していたようです。

徒歩や原始的な丸木舟など、移動手段が限られていたころに、これほど広い範囲に人々が移り住んでいった理由は、さまざまであったと考えられています。自然環境の変化のほかに、知らない場所への「好奇心」もそのひとつにあげられています。

移動しながら暮らす人がいる

羊などの家畜を連れて、水と牧草を求めて移動しながら生活するのが遊牧民です。彼らは農耕に適さない砂漠のような土地、中央アジアや西アジア、アフリカ北部などにいました。移動の途中で家畜の肉などをほかの物や現金などと交換するのが彼らの生活スタイルでした。また、同じく旅をしながら暮らす隊商が安全に通行できるように守り、隊商から物やお金を得ることもありました。現在は、国境が定められ、遊牧民たちはだんだん固定化されています。

中央アジアのモンゴルには草原が広がり、ヤギなどとともに遊牧する人々がいる。

昔の日本人の旅行

納税の旅

　日本では、5世紀に大和政権（ヤマト王権）が九州地方から東北地方南部にかけての豪族をしたがえました。すると、街道の整備が進められ、「七道駅路」という全長約6,500 kmにもおよぶ街道が整備されました。『延喜式』という古い書物によると、武蔵国（今の東京都や埼玉県など）から、税をおさめるために都に行く場合、行きは荷物を持っているので29日、帰りは15日かかるとされていました。

大和政権の遺跡とされる奈良県の纏向遺跡。

行商の旅

　鎌倉時代後期以降、京都の都から地方、地方から都、あるいは地方都市間を行商する商人が街道を行き来するようになりました。移動距離はかなり長く、関東より北の蝦夷から京都、山陰から近江（滋賀県）など、長い旅をする商人もいました。1人で旅をする商人もいましたが、安全のために隊を組んで数人で移動する商人もいました。
　室町時代に始まったとされる、富山の薬売りは今もなお続いています。

富山駅前にある薬売りの銅像

お伊勢参り

　伊勢神宮に参拝する旅行「お伊勢参り」は江戸時代にさかんになりました。とくにおよそ60年に一度起こった「おかげ参り」では、江戸をはじめ各地から多くの参拝客が集団で伊勢を訪れました。旅人はそのついでに京都や奈良の寺に行ったり、大阪に寄って芝居見物をしたりしました。これなどは、今の観光旅行と変わりません。

参拝者でにぎわう江戸時代の伊勢神宮

画像提供＝国立国会図書館

乗り物の歴史

自動車、鉄道、飛行機など、現在はさまざまな移動手段があります。昔の人々はどのように移動していたのでしょうか。

最初の乗り物は船？

人類は、長い時間をかけてアフリカ大陸から世界中に移動しました。その時代は、今とは地形がちがったため、多くは地続きの場所を歩いていたと考えられていますが、島など海を越えた土地にも移り住んでいます。そのため、人類最初の乗り物は船だと考えられています。木が水にうくことを知っていた人間は、木をくりぬいて丸木舟を作りました。また、丸太を並べて結び、いかだを考え出しました。太い木が手に入りにくい場合は、水草や細い竹を束にして船にしていたと考えられています。記録として残っている最初の船は、紀元前4000年ぐらいのナイル川で使われたアシの舟の絵です。

一方、地上の乗り物である車は、重い荷物を運ぶのに使う「ころ」から発展したと考えられています。車輪を発明した人類は、荷物を運ぶ荷車として使っていましたが、紀元前2000年ごろに馬が引いて戦車として使うことが広まりだしました。その後、人が乗る乗り物としての馬車が長い間使われました。

南米のチチカカ湖ではアシでできた舟が生活に使われている。
©Alexander Sánchez-Fotolia.com

日本で生まれたリヤカー

荷物を運ぶのに便利なリヤカーを見たことがありますか。人や自転車が引く荷車です。このリヤカーは、自転車の普及にともなって、大正時代に日本で考え出されました。リヤカーという名前は後ろを意味する英語「rear」に車を意味する英語「car」をつけたことばですが、外国では通じない和製英語です。リヤカーができる前は、「大八車」という、人がおしたり引いたりする荷車が運送の主役でした。大八車は江戸時代初期の1600年代に考案されました。

江戸の町内を人間が移動するときは、馬車などを使うことは禁じられていました。馬も一部の武士以外は乗ってはいけませんでした。乗り物といえば、人がかつぐ、かごだけが許されていたのです。

大八車は第二次世界大戦の前ぐらいまで使われていましたが、だんだんリヤカーにとってかわられました。そして、リヤカーも昭和40年代初めぐらいまでにはほとんど作られなくなりました。今、陸上の運送手段といえばトラックが主流になっていますね。

農業など、さまざまな場面で活躍するリヤカー。

リヤカーができる前に利用されていた大八車。

グローバル化を知ろう！

グローバル化って？

　近代以降、世界は国境によって分けられた国家という単位を基本にしています。この国境を越えて人やもの、お金、情報などが移動することをグローバル化といいます。交通手段や通信技術の発達によって1990年代以降、とくに21世紀に入ってから急速に進みました。

©yukipon00-Fotolia.com

いろいろな分野のグローバル化

　経済的には日本の工場が中国やベトナムなど、国内よりも広い用地があり、働き手が多い場所に移転する例や、時差で昼夜が逆の国と連携して、24時間体制でプログラムを開発するといった例があげられます。政治的にはヨーロッパの国々がヨーロッパ連合（EU）というまとまりを作り、EU内部なら人やもの、お金が自由に移動できるようになっています。情報面では、インターネットの普及によって、海外の情報が家にいながら手に入るようになりました。言語の問題も、翻訳ソフトなどによってじょじょに解消されようとしています。

中国の工場地帯　©Byelikova Oksana-Fotolia.com

グローバル化のデメリット？

　人やもの、お金などが世界各国を行き来し、密接に結びつくことで、新たな問題も起きています。たとえば、感染症などを引き起こす病原体が世界中に広がり、爆発的に流行してしまったり、経済的に強い国が弱い国の資源を買いしめてしまったり、働き手を不当に安くやとってしまったりすることなどです。また、異なる文化や価値観をもつ人どうしがしょうとつすることもあります。こうした問題をどのように解決していくかを考えることが、グローバル化には欠かせません。

この本で紹介した国と地域

シンガポール

（紹介ページ：25、38）

正式名称◆シンガポール共和国　面積◆0.07万km²（対馬とほぼ同じ）　人口◆570万人（2016年）　首都◆シンガポール（都市国家）　おもな言語◆中国語、英語、マレー語、タミル語　宗教◆おもに仏教、キリスト教、イスラム教

　東南アジアのマレー半島の先端にある島国で、中国系、マレー系、インド系などの人々が住む多民族国家です。かつてはマレーシアの一部でしたが、1965年に独立しました。面積こそ小さいものの、1970年代から工業化を進めた結果、急速な経済成長をとげました。また、アジアにおける金融の拠点ともなっています。町の衛生や景観を守るための厳しいきまりがあり、ポイ捨てや電車内での飲食には罰金が課されます。

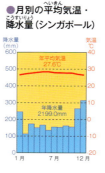

●月別の平均気温・降水量（シンガポール）

タイ

（紹介ページ：10、16）

正式名称◆タイ王国　面積◆51.3万km²（日本の約1.4倍）　人口◆6815万人（2016年）　首都◆バンコク　おもな言語◆タイ語　宗教◆おもに仏教

　東南アジアのインドシナ半島からマレー半島にかけて広がる国です。一年中暑く、雨が多い気候をいかした稲作がさかんで、米の輸出量は世界有数です。近年は工業化が進んでおり、たくさんの日本企業が進出しています。国技のムエタイ（タイ式ボクシング）や酸味があって辛いタイ料理などが知られています。熱心な仏教徒が多く、仏教の教えが生活に深く根づいています。東南アジアでは唯一、欧米の植民地支配を受けませんでした。

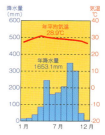

●月別の平均気温・降水量（バンコク）

ブルネイ

（紹介ページ：38）

正式名称◆ブルネイ・ダルサラーム国　面積◆0.6万km²（四国の約3分の1）　人口◆43万人（2016年）　首都◆バンダルスリブガワン
おもな言語◆マレー語　宗教◆おもにイスラム教

　東南アジアのカリマンタン島（ボルネオ島）に位置する小さな国です。一年中暑い熱帯に属し、たくさんの野生生物がすむ熱帯林が広がります。国民の約8割がイスラム教徒で、町中にはたくさんのモスクがみられます。石油や天然ガスが産出し経済的に豊かなため、原則として教育費と医療費が無料で、所得税はかかりません。住宅のほか学校や病院、モスクなどもある世界最大級の水上集落があります。

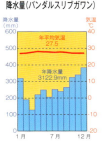
●月別の平均気温・降水量（バンダルスリブガワン）
年平均気温 27.5℃
年降水量 3122.9mm

オーストリア

（紹介ページ：13、21）

正式名称◆オーストリア共和国　面積◆8.4万km²（日本の約5分の1）
人口◆857万人（2016年）　首都◆ウィーン
おもな言語◆ドイツ語　宗教◆おもにキリスト教（カトリック）

　ヨーロッパの中部に位置する、アルプス山脈に面した国です。北部にはヨーロッパ第二の大河・ドナウ川が流れます。首都ウィーンは「音楽の都」として知られ、モーツァルトやシューベルトなど数多くの音楽家が活躍しました。自動車工業と鉄鋼業がさかんなほか、観光業もさかんです。スイスと同様に、他国の戦争に参加しない永世中立国ですが、ヨーロッパ連合（EU）には加盟しています。

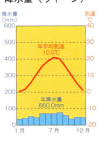
●月別の平均気温・降水量（ウィーン）
年平均気温 10.5℃
年降水量 660.0mm

オランダ

（紹介ページ：10、20）

正式名称◆オランダ王国　面積◆3.7万km²（日本の約10分の1）
人口◆1698万人（2016年）　首都◆アムステルダム　おもな言語◆オランダ語　宗教◆おもにキリスト教（カトリック、プロテスタント）

　ヨーロッパの中西部にある国で、オランダ語で「低い土地」を意味します。その名の通り、国土の約4分の1が海面より低い土地です。海を堤防で囲い、その中の海水を風車でくみあげて外に出す「干拓」で国土を広げました。チューリップの栽培がさかんで、風車とチューリップ畑はオランダを代表する風景です。日本が鎖国していた江戸時代にも貿易をしていた数少ない国です。

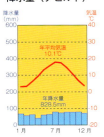
●月別の平均気温・降水量（デビルト）
年平均気温 10.1℃
年降水量 828.5mm

スペイン

（紹介ページ：7、12、18～21、30）

正式名称◆スペイン　面積◆50.6万km²（日本の約1.3倍）
人口◆4607万人（2016年）　首都◆マドリード
おもな言語◆スペイン語　宗教◆おもにキリスト教（カトリック）

　ヨーロッパ南西部のイベリア半島の大部分を占める国です。数百年にわたってイスラム勢力の支配を受け、その都が置かれたグラナダには、建築などにイスラム文化の影響がみられます。15世紀後半から始まる大航海時代には世界に先駆けて世界に進出し、各地を植民地支配しました。全体的に温暖な気候で、地中海式農業によるオレンジ、オリーブ、ぶどうなどの栽培がさかんです。情熱的な闘牛とフラメンコが生まれた国でもあります。

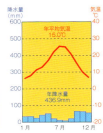
●月別の平均気温・降水量（マドリード）
年平均気温 15.0℃
年降水量 436.9mm

※気温・降水量データは『理科年表』（平成28年版）世界気象機関（WMO）ウェブサイトなどを、国勢データは『世界国勢図会』『データブック・オブ・ザ・ワールド』などを参照しました。

ドイツ
(紹介ページ：6、12、27～30)

正式名称◆ドイツ連邦共和国　面積◆35.7万 km²（日本の約9割）
人口◆8068万人（2016年）　首都◆ベルリン　おもな言語◆ドイツ語
宗教◆おもにキリスト教（カトリック、プロテスタント）

　ヨーロッパ中西部に位置する、ヨーロッパ最大の経済大国です。第二次世界大戦後に東ドイツと西ドイツに分断されましたが、1990年に統一されました。自動車やカメラの生産など世界有数の工業国でありながら、リサイクルの徹底などに早くから取り組んだ環境先進国でもあります。ソーセージとじゃがいもを中心としたドイツ料理とともに、世界的なビールの産地としても知られています。

フランス
(紹介ページ：4～6、12、31)

正式名称◆フランス共和国　面積◆55.2万 km²（日本の約1.5倍）
人口◆6467万人（2016年）　首都◆パリ
おもな言語◆フランス語　宗教◆おもにキリスト教（カトリック）

　ヨーロッパの西部に位置し、ドイツとともにヨーロッパ連合（EU）の中心となっている国です。首都パリは「芸術の都」、「花の都」とよばれ、古くから文化・芸術の発信地として知られています。EUを代表する農業国で、小麦・ぶどうなどの栽培や牧畜がさかんです。ぶどうを原料としたワインは世界的な人気があります。工業では、航空機産業や自動車工業が発達しています。かつて植民地支配をしたアフリカ大陸からの移民が多く住んでいます。

アメリカ合衆国
(紹介ページ：7、13～18、22～25、27、31、34～38)

正式名称◆アメリカ合衆国　面積◆983.4万 km²（日本の約26倍）　人口◆3億2412万人（2016年）　首都◆ワシントンD.C.　おもな言語◆おもに英語
宗教◆おもにキリスト教（プロテスタント、カトリック）

　北アメリカ大陸にある本土と、アラスカ、ハワイからなる国です。ヨーロッパ系（白人）・ヒスパニック・アフリカ系（黒人）・ネイティブアメリカン（先住民）などからなる多民族国家で、政治・経済・文化などあらゆる分野で世界的な影響力をもちます。ニューヨークのウォール街は国際金融の中心地で、アメリカドルは国際取り引きに利用されています。ファストフードやジーンズなどのアメリカ生まれの文化も世界中に広まっています。

カナダ
(紹介ページ：34、35)

正式名称◆カナダ　面積◆998.5万 km²（日本の約26倍）
人口◆3629万人（2016年）　首都◆オタワ　おもな言語◆英語、フランス語　宗教◆おもにキリスト教（カトリック、プロテスタント）

　北アメリカ大陸の北半分を占める、面積が世界第2位の国です。北極圏に属する寒さのきびしい北部には、先住民のイヌイットが多く住んでいます。西部のカナディアンロッキーとよばれる地域には美しい山々と湖・氷河の風景が広がり、ヒグマやオオカミなどがすみます。天然ガス・鉄鉱石・石油など鉱産資源が豊富で、日本へも輸出しています。イギリスとフランスの植民地支配を受けたため、英語とフランス語が公用語となっています。

アルゼンチン

（紹介ページ：39）

正式名称◆アルゼンチン共和国　面積◆278.0万km²（日本の約7.4倍）
人口◆4385万人（2016年）　首都◆ブエノスアイレス
おもな言語◆スペイン語　宗教◆おもにキリスト教（カトリック）

　南アメリカ大陸の南東部に位置する国で、かつてスペインの植民地支配を受けました。スペインやイタリアなどヨーロッパからの移民が多く、首都ブエノスアイレスは「南米のパリ」といわれるヨーロッパ的な町です。ラプラタ川流域に広がるパンパとよばれる大草原は世界有数の農業地帯で、小麦・とうもろこしの栽培や牧畜がさかんです。南部のパタゴニアは風が強い荒涼とした大地で、南端には氷河が広がっています。

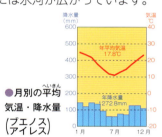

●月別の平均気温・降水量（ブエノスアイレス）

オーストラリア

（紹介ページ：7、20、32〜34、40）

正式名称◆オーストラリア連邦　面積◆769.2万km²（日本の約20倍）
人口◆2431万人（2016年）　首都◆キャンベラ
おもな言語◆英語　宗教◆おもにキリスト教

　南太平洋にあるオーストラリア大陸やタスマニア島などからなる、世界第6位の面積をもつ国です。全体的に乾燥した気候で、砂漠が広がる内陸部にはほとんど人が住んでいません。ヨーロッパ系（白人）や先住民のアボリジニ（アボリジニー）、ポリネシア系、アジア系などさまざまな人種・民族が住みます。鉄鉱石・石炭・金・ボーキサイト・ウランなどが産出し、日本へも輸出しています。コアラやカンガルーなどのめずらしい動物がすんでいます。

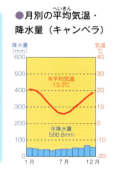

●月別の平均気温・降水量（キャンベラ）

1巻	オマーン、カンボジア、中国、フィリピン、デンマーク、ハンガリー、フィンランド、ラトビア、タンザニア、キューバ、パナマ、ニュージーランド
2巻	インドネシア、インド、パプアニューギニア、ベトナム、ミャンマー、ギリシャ、ロシア、ガーナ、スーダン、南アフリカ共和国、リベリア、ハワイ
3巻	イスラエル、モンゴル、アイルランド、イギリス、スイス、スコットランド、ブルガリア、エジプト、カメルーン、ブルキナファソ、ペルー、タヒチ
5巻	イラン、韓国、スリランカ、トルクメニスタン、トルコ、イタリア、スウェーデン、ザンビア、マリ、メキシコ、ブラジル、トンガ

他の国々の説明は、左の巻を見てね！

※気温・降水量データは『理科年表』（平成28年版）世界気象機関（WMO）ウェブサイトなどを、国勢データは『世界国勢図会』『データブック・オブ・ザ・ワールド』などを参照しました。

監修　須藤　健一（国立民族学博物館長）

装丁・レイアウト
株式会社クラップス（佐藤かおり）

表紙イラスト
川上　潤

本文イラスト・図版
川上　潤、駒村美穂子

執筆協力
阿部　毅、佐野秀好、野口光伸

編集協力
株式会社美和企画（大塚健太郎）
林　郁子

地図制作（見返し）
城戸智砂子

写真・図版協力
Photolibrary、Fotolia.com、Aflo、国立国会図書館

編集
藤井　彩、中山敏治

NDC
380
監修　須藤健一
ドキドキ　お出かけ・乗りもの
（それ日本と逆!?　文化のちがい 習慣のちがい
第2期 全5巻④）
学研プラス　2017　48P　28.6cm
ISBN 978-4-05-501224-9 C8639

おもな参考文献
『交通おもしろゼミナール4 アジアの交通と文化』成山堂書店、『アジアの隠れた文化』海文堂出版、『ところ変われば 日本人の知らない世界の常識』日本経済新聞出版社、『世界の鉄道 日本の鉄道 その違いを楽しむ本』河出書房新社、『ヨーロッパおもしろ鉄道文化 〜ところ変われば鉄道も変わる』交通新聞社、『鉄道で楽しむアジアの旅』平凡社、『ヨーロッパ読本 スペイン』河出書房新社、『イタリア 男の流儀』阪急コミュニケーションズ、『ヨーロッパ鉄道ハンドブック』ダイヤモンド・ビッグ社、『日本の生活環境文化大事典　〜受け継がれる暮らしと景観〜』柏書房、『世界鉄道百科図鑑』悠書館、『鉄道世界遺産』角川書店、『「旅」の誕生』河出書房新社、『銃・病原菌・鉄』草思社

それ日本と逆!?
文化のちがい 習慣のちがい 第2期④
ドキドキ お出かけ・乗りもの

2017年2月24日　　第1刷発行
2024年11月7日　　第8刷発行

発行人　土屋　徹
編集人　代田雪絵
発行所　株式会社Gakken
　　　　〒141-8416　東京都品川区西五反田2-11-8
印刷所　共同印刷株式会社

この本に関する各種お問い合わせ先
●本の内容については、下記サイトのお問い合わせフォームよりお願いします。
　https://www.corp-gakken.co.jp/contact/
●在庫については　TEL：03-6431-1198（販売部）
●不良品（落丁、乱丁）については
　TEL：0570-000577　学研業務センター
　〒354-0045　埼玉県入間郡三芳町上富279-1
●上記以外のお問い合わせは
　TEL：0570-056-710（学研グループ総合案内）

©Gakken
本書の無断転載、複製、複写（コピー）、翻訳を禁じます。
本書を代行業者等の第三者に依頼してスキャンやデジタル化することは、たとえ個人や家庭内の利用であっても、著作権法上、認められておりません。

学研グループの書籍・雑誌についての新刊情報・詳細情報は、下記をご覧ください。
学研出版サイト　https://hon.gakken.jp/

それ日本と逆!? 文化のちがい 習慣のちがい 第2期 全5巻

1巻	ニコニコ	学校生活
2巻	ペラペラ	ことばとものの名前
3巻	ワクワク	音楽と物語
4巻	ドキドキ	お出かけ・乗り物
5巻	ワイワイ	記念日とお祭り

国名・地域名別総索引

- 「それ日本と逆!? 文化のちがい 習慣のちがい 第2期」1～5巻に登場する国名（日本を除く。一部は地域名）の総索引です。
- 数字は、その国名が登場するページ数を表しています。
- 3ページ以上連続で登場する場合は、たとえば4、5、6、7を「4-7」などと表しています。
- 国名（地域名）は、一部を除いて通称を用いています。

国名	巻	ページ
アイルランド	3巻	14、28
	5巻	10、12
アメリカ	1巻	4-6、12-14、21-24、33、41-43
	2巻	5、6、13、14、18-20、22-25、29、30、31、34-37、42
	3巻	6、18、19、34-39
	4巻	7、13-18、22-25、27、31、34-38
	5巻	4、7、10-13、17、18
アルゼンチン	2巻	29
	4巻	39
	5巻	35
アルバニア	2巻	31
イギリス	1巻	8-10、19、36、39、42
	2巻	24、29、30、42
	3巻	8-10、12-14、26-29
	4巻	7、11-13、31、39
	5巻	10、12、13、29、

国名	巻	ページ
		32-34、38
イスラエル	1巻	42
	2巻	31
	3巻	11
	5巻	12、28
イタリア	1巻	36、39、42
	2巻	17、31
	3巻	39、43
	4巻	7、8-10
	5巻	4-6、12
イラク	1巻	40
	3巻	13
イラン	1巻	38
	3巻	10、21、24、25
	5巻	12、26-28
インド	1巻	20、38
	2巻	14、29、31
	3巻	11、22-25、28、29、32
	4巻	13、26、34
	5巻	12、13、20、28、32、35、42、43

国名	巻	ページ
インドネシア	1巻	15、36
	2巻	4-6、31
	4巻	40
	5巻	11、12、25
ウクライナ	5巻	12
エクアドル	2巻	31
エジプト	1巻	40
	2巻	29、40
	3巻	24、25
	4巻	16
	5巻	12
エチオピア	1巻	20
オーストラリア	1巻	6、25、38、39
	2巻	29
	3巻	6
	4巻	7、20、32-34、40
	5巻	6
オーストリア	3巻	20
	4巻	21、13
オマーン	1巻	11
オランダ	2巻	5、13、17
	4巻	10、20